Cuisine Friande

LÉGUMES GRILLÉS

Nicola Hill

la margelle

LÉGUMES GRILLÉS

la margelle

L'édition originale de ce livre a été réalisée par Hamlyn
une marque de Octopus Publishing Group Limited

© 1997 Octopus Publishing Group Limited
© 2000 MLP Éditions pour l'édition française

Pour l'édition française
Réalisation : Atelier Gérard Finel, Paris
Traduction / adaptation : Sylvie Girard
Mise en pages : Sylvie Chambadal

2-7434-1305-0

Imprimé en Chine

Sommaire

LÉGUMES À GRILLER

Faire griller des aliments est un mode de cuisson savoureux, sain et amusant, surtout en plein air sur un barbecue. Les légumes grillés de cette façon prennent un délicieux goût fumé.
La saveur délicate des aubergines et des courgettes est rehaussée par le grillé un peu noirci de la peau, quand on les expose à la chaleur des braises. Quant aux poivrons multicolores, leur saveur légèrement sucrée est parfaitement mise en valeur. Les oignons et les gousses d'ail, un peu âcres ou piquants quand ils sont crus, sont ainsi adoucis et perdent leur agressivité.

Types de grils et de combustibles

Il existe toutes sortes d'ustensiles servant à faire griller des aliments, dehors ou dedans, comme les barbecues, les rôtissoires, les simples grilles en fer forgé à poser sur les braises, mais aussi des pierres à griller ou des grils électriques, sans parler du gril de votre four. En plein air, choisissez un type de gril ou de barbecue facile à utiliser et à nettoyer et, surtout, parfaitement stable. Les grils électriques, où la source de chaleur est facile à régler, sont d'autant plus commodes que vous n'avez pas besoin de vous soucier du bois ou des braises. Néanmoins, les aliments n'auront pas ce parfum typique des grillades que l'on obtient avec du charbon de bois, des sarments de vigne ou des braises sur lesquelles on jette une poignée de thym, de romarin ou d'origan.

Le gril du four donne également d'excellents résultats si l'on prend soin de parfumer les légumes avec une huile d'olive bien fruitée, des herbes, de l'ail, du piment ou une marinade bien relevée. Mais, si vous aimez la délicieuse saveur des grillades au goût fumé, rien ne remplacera le barbecue et les braises, même si la préparation est un peu plus compliquée.

Les règles pour réussir la cuisson au gril

1 Pour obtenir des légumes grillés vraiment savoureux, faites-les mariner pendant au moins 30 minutes avant de les faire cuire.

2 Lorsque vous retirez les légumes de la marinade, épongez-les sur du papier absorbant pour éliminer le liquide en excès.

3 Si vous n'utilisez pas de marinade, badigeonnez légèrement les légumes avec un peu d'huile ou de beurre fondu.

4 Arrosez toujours les légumes en train de griller, surtout sur des braises de charbon de bois, pour les empêcher de sécher. N'hésitez pas à utiliser, pour ce faire, le reste de marinade.

5 Retournez souvent les légumes pendant la cuisson pour les faire griller régulièrement sur toutes les faces et les enrober ainsi d'une croûte protectrice, en les surveillant bien pour les empêcher de brûler.

6 Commencez la cuisson en exposant les légumes le plus près possible de la source de chaleur pour bien les saisir, puis éloignez-les légèrement pour continuer la cuisson. Vous pouvez, pour ce faire, abaisser puis relever la grille par rapport aux braises.

7 Vérifiez que la grille soit très chaude avant d'y déposer des aliments. Préchauffez le four au moins 5 minutes à l'avance.

8 Les légumes auront moins tendance à coller à la grille s'ils sont saisis sur une grille très chaude. Vous pouvez la badigeonner légèrement avec un peu d'huile pour empêcher les aliments d'y adhérer.

9 Surveillez toujours la cuisson pour éviter de laisser brûler ou carboniser les légumes. Rappelez-vous que cette cuisson est en général assez rapide, quelques minutes suffisent; ne vous lancez pas dans une autre préparation pendant ce temps.

10 Les légumes sont cuits lorsqu'ils sont croustillants, légèrement noircis sur les bords, mais tendres et moelleux à l'intérieur. Vous pouvez vérifier le degré de cuisson en les perçant avec la pointe d'un couteau.

11 Les légumes grillés sont toujours meilleurs lorsqu'ils sont cuits à la demande, juste avant de les déguster. Néanmoins, pour une garniture de pizza, par exemple, vous pouvez les faire griller à l'avance; comme la garniture repassera ensuite dans le four, elle conservera son croustillant.

12 Lorsque vous faites griller des aliments en plein air, soyez toujours prudents et gardez à proximité une bouteille d'eau en cas d'incident, de manière à éteindre le feu si jamais les braises sont trop ardentes et enflamment les aliments.

Le matériel

Quel que soit le matériel que vous utilisez, rappelez-vous que les ustensiles doivent avoir de longs manches, de manière à procéder à la cuisson à une certaine distance sans aucun risque de se brûler.

Pinces

Elles vous permettent de retourner les aliments sans approcher trop près. Avec leurs bouts arrondis, elles n'abîment pas les légumes relativement délicats, car, s'ils sont transpercés, ils perdent leur jus.

Brochettes

Vous pouvez choisir entre les brochettes en métal et les brochettes en bois: les secondes doivent être mises à tremper dans de l'eau avant emploi, sinon elles risquent de brûler sur les braises très chaudes.

Pinceaux

Pour arroser les aliments pendant la cuisson, utilisez un pinceau à pâtisserie à long manche, mais pour la préparation (badigeonner les légumes d'huile ou de beurre fondu), vous pouvez en prendre un plus petit ou plus court.

Gants

Choisissez des gants de protection rembourrés qui vous couvrent largement les poignets et portez également un tablier assez large, car parfois les aliments grillés projettent des éclats brûlants. Il vous faudra aussi une fourchette à long manche, du papier d'aluminium et du papier absorbant. Les plateaux en aluminium léger à jeter sont également très utiles pour faire griller des légumes : il suffit de les poser directement sur la grille du barbecue ou du four.

Marinades

Ces liquides parfumés dans lesquels on plonge les légumes avant cuisson et où ils séjournent plus ou moins longtemps permettent de rehausser leur saveur naturelle et de les garder bien tendres (surtout quand on les fait cuire sur des braises). Le temps de macération pour les légumes est en général assez court – une demi-heure suffit ; mais plus ils resteront dans la marinade, plus ils absorberont de parfum.

Lorsque vous faites mariner des légumes, préparez la marinade dans une grande terrine, mettez les légumes préparés dedans et retournez-les pour bien les enrober, couvrez et mettez la terrine dans le réfrigérateur le temps nécessaire, en les retournant de temps en temps pour que le parfum de la marinade les pénètre entièrement. Égouttez-les sur plusieurs épaisseurs de papier absorbant avant de les faire griller. Ne jetez pas la marinade : utilisez-la pour arroser les légumes pendant la cuisson ou pour confectionner une sauce d'accompagnement. La plupart des marinades se conservent au frais dans un bocal fermé pendant deux ou trois jours.

Les ingrédients de la marinade

La base de toute marinade est constituée par l'huile d'olive, que l'on peut parfumer avec du jus de citron vert ou jaune, de l'ail, des fines herbes fraîches ou sèches, du piment, des épices, de la moutarde, des tomates séchées, du gingembre, du miel, du vinaigre ou du vin (rouge ou blanc).

Comme huiles, outre l'huile d'olive, vous avez aussi le choix entre l'huile de tournesol, d'arachide, de noix ou de noisettes. Pour une saveur asiatique ou orientale, essayez l'huile de sésame, que vous pouvez parfumer avec de la sauce soja, du gingembre, de la badiane, de la citronnelle ou du curcuma.

Les beurres composés

Vous pouvez préparer votre beurre composé à l'avance et le conserver au réfrigérateur : une simple rondelle de beurre composé sur des légumes grillés leur ajoute une saveur incomparable. Si vous pratiquez ce mode de cuisson régulièrement, préparez-en une quantité assez importante que vous pouvez garder sans problème dans le réfrigérateur ou le congélateur, roulé en boudin et enveloppé de papier d'aluminium, dans lequel vous prélèverez juste la quantité nécessaire. Pour la préparation, prenez du beurre ramolli. Incorporez-y des fines herbes (estragon, persil, coriandre, origan, basilic ou menthe), du zeste râpé et du jus de citron vert, de citron jaune ou d'orange. Pour une saveur un peu plus relevée, essayez aussi le piment finement haché, ou encore du fromage bleu émietté, voire des tomates séchées et hachées. Pour un beurre composé au citron vert : malaxez 125 g de beurre avec un peu de sel et le zeste finement râpé de 2 citrons verts, puis incorporez le jus des citrons et un peu de pulpe, salez et poivrez. Pour un beurre d'ail : émincez finement 6 gousses d'ail, hachez 1 échalote et ciselez 2 cuillers à soupe de persil, puis mélangez ces ingrédients avec 250 g de beurre en parcelles. Malaxez le tout avec une fourchette. Pour un beurre composé à la menthe et au gingembre : malaxez 125 g de beurre avec 1 cuiller à soupe de gingembre frais pelé et râpé, 2 cuillers à soupe de menthe fraîche ciselée, du sel et du poivre. Pour un beurre composé au citron et à l'estragon : malaxez 125 g de beurre avec 3 cuillers à soupe d'estragon frais ciselé, 1 échalote finement hachée, le zeste râpé et le jus d'un citron jaune, salez et poivrez.

Les légumes à griller

La plupart des légumes conviennent pour ce genre de cuisson, même les salades. Il est important de les préparer d'une certaine manière pour qu'ils cuisent à cœur régulièrement. Ils doivent en effet rester moelleux et juteux à l'intérieur, croustillants, dorés et légèrement noircis sur les bords. Voici quelques suggestions sur les légumes à utiliser :

Ail

Faites griller les têtes d'ail entières sans les peler, puis fendez les gousses : extrayez la pulpe parfumée et tartinez-en du pain grillé, ou utilisez-la pour relever une sauce, un condiment, une vinaigrette.

Artichauts

Préparez les fonds ou les cœurs comme d'habitude, coupez-les en deux et badigeonnez-les d'huile d'olive.

Asperges

Parez le bout des tiges, un peu fibreux, puis badigeonnez les asperges avec de l'huile d'olive ou du beurre fondu.

Aubergines

Vous pouvez les faire griller entières, coupées en deux dans la longueur ou en rondelles. Une bonne méthode consiste à les fendre en deux, à inciser la chair en croisillons, puis à les imbiber copieusement d'huile d'olive avant de les faire griller.

Brocolis

Faites blanchir les petits bouquets de brocolis pendant 2-3 minutes à l'eau bouillante, égouttez-les à fond, enduisez-les d'huile parfumée et faites-les griller rapidement en les retournant souvent.

Bulbes de fenouil

Les petits bulbes, fendus en deux ou en quatre, sont délicieux grillés. Enduisez-les d'huile d'olive et retournez-les à mi-cuisson.

Carottes

Choisissez des petites carottes assez tendres et trempez-les dans du beurre fondu avant la cuisson.

Champignons

Coupez la queue au ras du chapeau et enfilez-les sur des brochettes ou faites-les cuire en papillotes avec un beurre d'ail et des fines herbes. Si les champignons sont assez gros et charnus, badigeonnez-les copieusement de beurre fondu, poivrez au moulin et faites-les griller jusqu'à ce qu'ils soient bien tendres. Faites des expériences savoureuses avec des champignons sauvages : cèpes, morilles, oronges, coulemelles, girolles...

Courges

Quelle que soit leur taille, les courges conviennent bien à ce type de cuisson : entières, coupées en deux ou en quartiers. Choisissez-les bien fermes, sans taches ni meurtrissures, enduisez-les d'huile et faites-les griller jusqu'à ce que la peau soit tachetée de noir.

Courgettes

Choisissez des petites courgettes à peau fine et lisse, laissez-les entières ou coupez-les en tronçons, enduisez-les d'huile d'olive bien fruitée et faites-les griller jusqu'à ce qu'elles soient bien colorées.

Échalotes

Pelées et trempées dans de l'huile, elles grillent très bien et agrémentent toutes sortes de salades. Dans la cuisine tex-mex, on les badigeonne de jus de citron vert et on les saupoudre de sel avant cuisson.

Épis de maïs

Quelle que soit la taille, dégagez la gaine de feuilles et retirez le foin avant de les faire griller (5-10 minutes) jusqu'à ce que les grains soient tendres, en les retournant souvent. Vous pouvez aussi les faire griller dans leur gaine de feuilles, puis les retirer après et les arroser de beurre fondu avant de servir.

Oignons

Vous avez le choix entre les blancs, les jaunes et les rouges, et même les petits oignons grelots. Vous pouvez les laisser entiers, badigeonnés d'huile d'olive, parsemés de fines herbes et grillés dans leur peau ; vous pouvez aussi les peler et les faire griller entiers, coupés en deux ou en quartiers.

Patates douces

Faites-les cuire en papillotes dans les cendres, ou bien coupées en rondelles, badigeonnées d'huile ou de beurre et rangées sur une grille.

Piments

Les doux ou les piquants se font griller de la même façon : entiers, directement sur les braises ou sous la rampe du gril jusqu'à ce que la peau soit ridée ; attention à ne pas les laisser brûler ; pelez-les avant emploi.

Poireaux

Les petits poireaux baguettes, assez minces, se font très bien griller ; lavez-les soigneusement au préalable et coupez les extrémités ; enduisez-les d'huile avant cuisson.

Poivrons

Ce sont sans doute les légumes qui se prêtent le mieux à cette cuisson, car elle met bien en valeur leur saveur ; vous pouvez les faire griller entiers ; mettez-les ensuite dans un sac en plastique, fermez-le et laissez refroidir, puis pelez-les et retirez les graines et les cloisons intérieures. Vous pouvez aussi les épépiner et les couper en morceaux pour les faire griller sur des brochettes avec d'autres légumes.

Potiron

Les quartiers de potiron sont excellents grillés. Retirez l'écorce et badigeonnez les morceaux avec de l'huile ou du beurre fondu. Vous pouvez aussi les enfiler sur des brochettes.

Pommes de terre

La technique la plus courante consiste à les faire cuire dans les braises enveloppées dans du papier d'aluminium. Les pommes de terre nouvelles sont aussi cuites à l'eau pendant 10 minutes, puis grillées sur les braises enduites d'huile d'olive.

Salades

Plusieurs variétés de salades à feuilles assez fermes et croquantes peuvent se faire griller rapidement : mélangez-les ensuite avec des poivrons grillés, des olives et des croûtons aillés pour une délicieuse salade à la vinaigrette moutardée. Vous pouvez ajouter des tranches d'avocat, des rondelles de courgette ou d'aubergine grillées, et la sauce de votre choix.

Tomates

Vous pouvez prendre des tomates olivettes, des tomates cerises ou encore des grosses tomates rondes coupées en deux. Faites-les griller jusqu'à ce que la peau noircisse, puis retirez celle-ci avant de les déguster. Les tomates vertes, une fois grillées, ont une délicieuse saveur un peu acide.

Trévises

Prenez des quartiers de chicorées rouges de Trévise (appelées couramment « trévises »), fendez-les en deux, enduisez-les d'une huile d'olive bien fruitée et faites-les griller, puis servez-les avec une vinaigrette à la moutarde.

Le fromage

Certains fromages conviennent mieux que d'autres à ce type de cuisson : c'est le cas de la feta, des fromages de chèvre comme le crottin de Chavignol ou les cabécous, ainsi que le camembert dans sa croûte ou les fromages de type gruyère ou Édam. Plus le fromage possède une saveur affirmée, plus il sera apprécié une fois grillé. Par ailleurs, s'il a une pâte ferme, il résistera mieux à la chaleur. Mais il n'y a pas de règle et vous pouvez vous livrer à toutes sortes d'expériences savoureuses. Faites d'abord un essai avec une petite portion. Surveillez toujours la cuisson car le fromage cuit très vite et brûle facilement. Pour savoir si le fromage est cuit, regardez s'il est bien doré et s'il fond en grésillant. Le temps de cuisson varie considérablement d'une variété à l'autre, mais il ne dépasse jamais 10 minutes.

11

Salade méditerranéenne

Faire griller les légumes permet de mieux faire ressortir leur saveur comme dans cette salade qui évoque les délicieuses senteurs des courgettes, poivrons et tomates mûris au soleil de la Méditerranée.

2 petits bulbes de fenouil

2 oignons rouges

3 courgettes

4 cuillerées à soupe d'huile d'olive extra-vierge

I cuillerée à café de zeste de citron finement râpé

I cuillerée à soupe de fleurs de thym

I poivron rouge ou jaune, épépiné et taillé en larges lanières

200 g de tomates cerises coupées en deux

Pour la sauce

4 cuillerées à soupe d'huile d'olive extra-vierge

2 cuillerées à soupe de jus de citron

une pincée de sucre

I cuillerée à soupe d'estragon frais ciselé

sel et poivre

1 Fendez les fenouils et les oignons en quartiers, en laissant la base intacte pour qu'ils ne se séparent pas pendant la cuisson. Coupez les courgettes en deux, puis émincez-les.

2 Faites bouillir une grande casserole d'eau, ajoutez les fenouils et les oignons. Lorsque l'eau se remet à bouillir, comptez 1 minute de cuisson. Ajoutez les courgettes et comptez encore 1 minute. Égouttez et rafraîchissez les légumes sous le robinet d'eau froide, puis épongez-les à fond et réservez.

3 Mélangez l'huile d'olive, le zeste de citron et le thym dans une terrine. Ajoutez tous les légumes et mélangez pour bien les enrober d'huile parfumée.

4 Tapissez la grille du four avec du papier d'aluminium. Étalez les légumes dessus sur une seule couche et faites-les cuire sous le gril pendant 15-20 minutes en les retournant souvent, jusqu'à ce qu'ils soient tendres et tachetés de brun. Vous pouvez aussi les faire griller sur des braises. Laissez-les refroidir complètement.

5 Disposez les légumes dans un plat creux. Préparez la sauce en mélangeant ensemble tous les ingrédients dans un bol, fouettez-les, puis versez la sauce sur les légumes et servez.

Pour 4 personnes

Préparation : 25 minutes
Cuisson : 20 minutes environ

Salade de poivrons à l'espagnole

2 poivrons verts
1 poivron rouge
1 poivron jaune
(ou 1 poivron rouge de plus)
2 gousses d'ail émincées
2 petits oignons finement émincés
en anneaux
2 cuillers à soupe de persil plat ciselé
2 cuillers à soupe d'olives noires

Pour la sauce
3 cuillers à soupe d'huile d'olive
2 cuillers à café de jus de citron
poivre noir au moulin

1 Mettez les poivrons sous le gril du four à chaleur moyenne et laissez-les griller pendant 15-20 minutes en les retournant souvent, jusqu'à ce que la peau noircisse. Couvrez-les d'un torchon humide et laissez-les refroidir. Pelez-les. Épépinez-les et taillez-les en lanières. Mélangez-les avec l'ail et les oignons.
2 Faites chauffer l'huile et le jus de citron dans une petite casserole. Lorsque le mélange se met à bouillir, versez-le sur les poivrons et mélangez. Laissez refroidir. Poivrez.
3 Ajoutez le persil et les olives, mélangez et versez le tout dans un plat de service.

Pour 4 personnes

Préparation : 20 minutes
Cuisson : 20 minutes

Salade de haricots aux oignons grillés

225 g de petits haricots secs mis à tremper à l'eau pendant toute la nuit
2 gros oignons rouges

Pour la sauce
15 cl d'huile d'olive
5 cuillers à soupe de jus de citron
2 gousses d'ail émincées
2 cuillers à soupe de persil plat finement ciselé
1 cuiller à café de moutarde
une pincée de sucre
sel et poivre

1 Égouttez les haricots et mettez-les dans une casserole. Couvrez-les largement d'eau froide. Faites-les bouillir pendant 10 minutes, puis baissez le feu, couvrez et laissez mijoter pendant 40-50 minutes, jusqu'à ce qu'ils soient tendres. Égouttez-les, rincez-les sous l'eau froide, puis égouttez-les encore, et laissez-les refroidir dans un saladier.
2 Préparez la sauce en fouettant les ingrédients ensemble dans un bol (ou mélangez-les en les réunissant dans un bocal à fermeture hermétique et secouez vigoureusement).
3 Pelez les oignons et fendez-les en quartiers en laissant la base intacte pour qu'ils ne se séparent pas. Mettez-les sur la grille du four et badigeonnez-les avec de la sauce. Faites-les griller sous le gril à chaleur moyenne pendant 8 minutes jusqu'à ce qu'ils soient tendres et commencent à noircir. Laissez-les refroidir.
4 Disposez les oignons sur les haricots, versez le reste de sauce dessus et servez.

Pour 4 personnes

Préparation : 20 minutes
Trempage : 12 heures – Cuisson : 1 heure environ

Salade de patates douces aux piments

750 g de patates douces pelées et émincées

2 piments rouges

6 cuillers à soupe d'huile d'arachide

un bouquet de coriandre fraîche ciselée

gros sel et poivre au moulin

une petite poignée de mâche ou de roquette

Pour la sauce

1 cuiller à café de zeste de citron finement râpé

2 cuillers à soupe de jus de citron

4 cuillers à soupe d'huile d'arachide

2 cuillers à soupe d'huile de sésame ou 8 cuillers à soupe de la sauce au citron vert et au gingembre (voir ci-dessous)

1 Préchauffez le gril du four au maximum.

2 Faites bouillir les patates douces dans une casserole d'eau portée à ébullition pendant 5 minutes. Égouttez-les, rafraîchissez-les et épongez-les sur du papier absorbant.

3 Pendant ce temps, faites griller les piments en les retournant souvent jusqu'à ce que la peau noircisse. Sortez-les et laissez-les tiédir, puis pelez-les et retirez les graines. Taillez la chair en fines languettes et réservez.

4 Badigeonnez les rondelles de patates douces avec l'huile d'arachide. Étalez-les sur la grille du four tapissée de papier d'aluminium et faites-les griller à chaleur modérée, jusqu'à ce qu'elles soient croustillantes et dorées. Mettez-les dans un saladier au fur et à mesure de leur cuisson.

5 Mélangez les ingrédients de la sauce dans un bol ou à l'aide d'un bocal à fermeture hermétique.

6 Ajoutez dans le saladier la coriandre et les piments, salez et poivrez à votre goût, puis mélangez.

7 Juste avant de servir, versez la sauce sur la salade et mélangez. Servez sur des assiettes avec une garniture de mâche ou de roquette.

Pour 4 personnes

Préparation : 15 minutes
Cuisson : 20 minutes environ

Sauce au citron vert et au gingembre

Cette sauce se prépare facilement à l'avance, mais la coriandre ne doit être ajoutée qu'au dernier moment.

2 cuillers à café de gingembre frais haché

1 gousse d'ail émincée

le zeste râpé et le jus de 2 citrons verts

1 cuiller à soupe de miel liquide

4 cuillers à soupe d'huile d'arachide ou de pépins de raisin

2 cuillers à soupe de coriandre fraîche

sel et poivre

1 Mélangez dans un bol le gingembre et l'ail, ajoutez le zeste de citron et le miel, salez et poivrez à votre goût.

2 Incorporez le jus de citron en fouettant bien le mélange. Versez ensuite l'huile en continuant à fouetter jusqu'à ce que la sauce soit homogène. Juste avant d'utiliser la sauce, ajoutez la coriandre.

Pour 18 cl environ

Préparation : 10 minutes

Salade de poivrons au basilic

1 poivron rouge
1 poivron jaune
250 g de mesclun
60 g de petites olives noires
25 cl de sauce au pesto (voir ci-dessous)
sel et poivre
feuilles de basilic pour garnir

1 Faites griller les poivrons dans le four pendant 15-20 minutes en les retournant de temps en temps, jusqu'à ce que la peau se ride et noircisse. Mettez-les dans un saladier, couvrez-les et laissez-les refroidir.
2 Lorsqu'ils sont tièdes, pelez-les, puis taillez-les en anneaux en éliminant les graines. Salez-les et poivrez-les.
3 Répartissez la salade sur des assiettes de service. Disposez les poivrons par-dessus, avec les olives. Arrosez-les de sauce et mélangez rapidement. Servez aussitôt en garnissant les assiettes de quelques feuilles de basilic.

Pour 4 personnes

Préparation : 20 minutes
Cuisson : 20 minutes

Sauce au pesto

30 g de feuilles de basilic
3 cuillers à soupe de parmesan râpé
1 cuiller à soupe de pignons de pin
4 cuillers à soupe de vinaigre de vin blanc
1 gousse d'ail émincée
poivre noir au moulin
12 cl d'huile d'olive

1 Réunissez dans le bol mélangeur d'un robot les feuilles de basilic, le parmesan, les pignons de pin, le vinaigre et l'ail. Poivrez à votre goût et actionnez l'appareil pendant quelques secondes.
2 Tout en continuant à faire fonctionner l'appareil, ajoutez l'huile d'olive en filet jusqu'à ce que le mélange épaississe et prenne une belle consistance de crème.

Pour 25 cl

Préparation : 5 minutes

Salade de poivrons à l'ail et à l'oignon

3 oignons
3 poivrons rouges
3 poivrons jaunes
15 gousses d'ail
1 ½ cuiller à café de graines de fenouil
6 cuillers à soupe d'huile d'olive
2 cuillers à soupe de vinaigre balsamique
persil plat frais
sel et poivre

1 Pelez les oignons et fendez-les en quartiers en laissant la base intacte pour que les couches ne se séparent pas. Faites bouillir une casserole d'eau, ajoutez les oignons et faites-les blanchir pendant 1 minute, puis égouttez-les bien.

2 Coupez les poivrons en deux dans la longueur, retirez les graines et posez-les, peau dessus, sur la plaque du four. Ajoutez les oignons et les gousses d'ail. Faites griller sous le gril préchauffé pendant 10-15 minutes en les retournant, jusqu'à ce que la peau des poivrons soit ridée et noircie. Retournez aussi les oignons et les gousses d'ail, qui doivent elles aussi noircir légèrement. Vous pouvez aussi réaliser cette cuisson au barbecue.

3 Mettez les poivrons dans un saladier et couvrez-les pour les laisser tiédir. Retirez la peau noircie et répartissez-les sur des assiettes individuelles en ajoutant les oignons et 2 gousses d'ail par personne.

4 Dans un petit poêlon, faites griller les graines de fenouil à sec pendant quelques minutes jusqu'à ce qu'elles dégagent leur parfum. Pilez-les ensuite dans un mortier (ou écrasez-les avec un rouleau à pâtisserie) en leur ajoutant les 3 gousses d'ail restantes.

5 Incorporez en fouettant l'huile d'olive et le vinaigre, salez et poivrez.

6 Parsemez le persil sur la salade, puis ajoutez la sauce, mélangez et servez à température ambiante.

Pour 6 personnes

Préparation : 20 minutes
Cuisson : 11-16 minutes

Sauce au vinaigre balsamique

2 cuillers à café de vinaigre balsamique
2 cuillers à café de moutarde à l'ancienne
5 cuillers à soupe d'huile d'olive
extra-vierge
sel et poivre

Fouettez vivement dans un bol le vinaigre, la moutarde, le sel et le poivre, puis incorporez l'huile petit à petit sans cesser de fouetter.

Pour 12 cl

Préparation : 5 minutes

17

Salade de pâtes à l'aubergine grillée

1 grosse aubergine coupée en rondelles

1 cuiller à soupe de sel

16 cl d'huile d'olive

300 g de penne rigate sèches

6 cuillers à soupe de vinaigre balsamique

1 cuiller à café de moutarde forte

2 branches de céleri coupées
en petits tronçons

100 g de haricots rouges en boîte au
naturel bien égouttés

sel et poivre

1 cuiller à soupe de persil plat ciselé

1 Étalez les rondelles d'aubergine sur une tôle à pâtisserie et saupoudrez-les de sel. Laissez-les reposer pendant 5 minutes.

2 Pendant ce temps, remplissez d'eau une grande casserole (1,8 litre d'eau au moins), faites-la bouillir, ajoutez un filet d'huile d'olive et une poignée de gros sel. Faites cuire les pâtes pendant 8-12 minutes.

3 Égouttez les pâtes et passez-les sous l'eau froide dans une passoire. Égouttez à nouveau et versez-les dans un grand saladier.

4 Rincez les rondelles d'aubergine dégorgées, égouttez-les et épongez-les. Faites-les ensuite griller dans le four à forte chaleur pendant 10 minutes en les retournant une fois (5 minutes en les retournant si vous les faites griller sur des braises). Recoupez-les en deux et réservez.

5 Fouettez dans un bol l'huile d'olive avec le vinaigre et la moutarde, salez et poivrez. Versez cette sauce sur les pâtes et remuez bien, ajoutez le céleri et les haricots rouges, ainsi que les rondelles d'aubergine. Parsemez de persil et servez aussitôt.

Pour 4 personnes

Préparation : 20 minutes
Repos : 15 minutes
Cuisson : 12 minutes

Salade d'asperges grillées

Choisissez pour cette recette des asperges vertes pas trop grosses. Vous pouvez aussi les assaisonner avec une mayonnaise à l'ail diluée avec un peu d'eau.

500 g d'asperges vertes
3 cuillers à soupe d'huile d'olive
60 g de roquette environ
60 g de laitue feuilles de chêne
2 échalotes grises finement émincées
4 radis roses émincés
6 cuillers à soupe de sauce au citron
et à l'estragon (ci-dessous) ou de
vinaigrette à la moutarde (page ci-contre)
sel et poivre

Pour garnir
fines herbes ciselées
(estragon, cerfeuil, persil, aneth)
fines languettes de zeste de citron

1 Parez les asperges et pelez les tiges avec un couteau économe sur 5 cm environ. Rangez-les sur une seule couche, bien étalées sur une tôle à pâtisserie. Badigeonnez-les d'huile d'olive et faites-les cuire sous le gril du four pendant 7 minutes en les retournant souvent, jusqu'à ce que les tiges soient tendres quand on les perce avec la pointe d'un couteau. Salez-les et poivrez-les, laissez-les refroidir. Vous pouvez aussi les faire griller sur des braises pas trop chaudes pendant 5 minutes en les retournant souvent.

2 Répartissez les salades sur des assiettes individuelles et ajoutez en garniture échalotes et radis. Salez et poivrez.

3 Disposez les asperges à côté et arrosez-les de sauce. Garnissez avec les fines herbes et quelques languettes de zeste de citron.

Pour 4 personnes

Préparation : 15 minutes
Cuisson : 7 minutes

Sauce au citron et à l'estragon

2 cuillers à soupe de vinaigre à l'estragon
1 cuiller à café de zeste de citron
finement râpé
une pointe de moutarde forte
une pincée de sucre
1 cuiller à soupe d'estragon frais ciselé
5 cuillers à soupe d'huile d'olive
ou de pépins de raisin
sel et poivre

1 Réunissez dans un bol le vinaigre, le zeste de citron, la moutarde, le sucre et l'estragon. Salez et poivrez. Mélangez en fouettant, puis incorporez l'huile peu à peu.

2 Vous pouvez aussi réunir tous les ingrédients ensemble dans un bocal à fermeture hermétique et le secouer vigoureusement jusqu'à obtenir une consistance homogène.

Pour 6 cuillers à soupe environ

Préparation : 5 minutes

Salade d'aubergines grillées

2 aubergines parées
2 cuillers à café de sel
16 cl de vinaigrette à la moutarde
(voir ci-dessous)
3 échalotes grises finement émincées
fines herbes fraîches (thym, aneth, persil,
coriandre, basilic, ciboulette)
poivre noir au moulin

1 Taillez les aubergines en rondelles d'environ 1 cm d'épaisseur. Mettez-les dans une passoire et saupoudrez-les de sel. Posez la passoire sur une terrine ou dans l'évier et laissez-les dégorger pendant 30-40 minutes.

2 Rincez les aubergines sous le robinet d'eau froide, puis égouttez-les et épongez-les sur du papier absorbant. Étalez-les à plat sur une tôle à pâtisserie et badigeonnez-les avec un peu de vinaigrette. Faites-les griller au four bien chaud pendant environ 5 minutes en les retournant une fois, jusqu'à ce qu'elles soient bien dorées des deux côtés. Mettez-les dans un saladier. Vous pouvez aussi les faire griller sur des braises en les retournant une fois.

3 Ajoutez les échalotes et poivrez au moulin. Versez le reste de vinaigrette et mélangez rapidement. Laissez refroidir complètement, puis parsemez de fines herbes avant de servir.

Pour 6 personnes   Préparation : 15 minutes
Repos : 40 minutes – Cuisson : 5 minutes

Vinaigrette à la moutarde

Vous pouvez varier cette recette de vinaigrette de base en lui ajoutant des fines herbes,
de l'oignon haché, des câpres, ou du zeste d'orange ou de citron finement râpé.

2 cuillers à soupe de vinaigre de vin rouge
ou blanc
1-2 gousses d'ail finement émincées
2 cuillers à café de moutarde de Dijon
½ cuiller à café de sucre
6 cuillers à soupe d'huile d'olive
sel et poivre

1 Mélangez dans un bol le vinaigre, l'ail, la moutarde et le sucre. Salez et poivrez. Fouettez vivement.

2 Incorporez l'huile petit à petit en fouettant, goûtez et rectifiez l'assaisonnement.

3 Vous pouvez aussi réunir tous les ingrédients dans un bocal à fermeture hermétique et le secouer vigoureusement pour obtenir un mélange homogène.

Pour 16 cl environ   Préparation : 15 minutes

Salade gaspacho

1 grosse aubergine taillée en petits cubes

4 courgettes taillées en petits cubes

2 poivrons rouges épépinés et taillés en languettes

4 gousses d'ail pelées laissées entières

huile d'olive extra-vierge

4 tomates fermes concassées

4 tasses de petits dés de pain de mie rassis

2 cuillers à soupe d'eau bouillante

4 cuillers à soupe de feuilles de basilic

Pour la sauce

9 cuillers à soupe d'huile d'olive extra-vierge

2 cuillers à soupe de vinaigre de vin rouge

une pincée de sucre

3 cuillers à soupe d'eau bouillante

sel et poivre

1 Mélangez l'aubergine, les courgettes, les poivrons et l'ail avec 4 cuillers à soupe d'huile et étalez ce mélange sur la tôle du four tapissée de papier d'aluminium. Placez-la sous le gril préchauffé pendant 15-20 minutes en retournant souvent les légumes, jusqu'à ce qu'ils soient tendres et dorés. Vous pouvez aussi les faire griller sur des braises en les retournant une fois.

2 Versez les légumes dans un saladier et ajoutez les tomates, avec éventuellement encore un peu d'huile. Mélangez les ingrédients de la sauce, sauf l'eau. Versez 3 cuillers de cette sauce sur les légumes et laissez-les refroidir.

3 Mettez le pain dans une jatte, versez l'eau bouillante sur le reste de sauce et mélangez, puis versez le tout sur le pain et laissez tremper pendant 10 minutes. Juste avant de servir, ajoutez les dés de pain à la salade, ainsi que le basilic. Rectifiez l'assaisonnement et servez à température ambiante.

Pour 6 personnes

Préparation : 25 minutes
Repos : 30 minutes
Cuisson : 15-20 minutes

Épis de maïs à l'ail et aux amandes

Choisissez de jeunes épis de maïs bien frais, que cette sauce grecque à l'ail rendra encore plus délicieux.

4 épis de maïs entiers, avec leurs feuilles

Pour la sauce
250 g de chapelure fraîche
125 g de poudre d'amandes
4 gousses d'ail finement émincées
2 cuillers à soupe de jus de citron
12 cl d'huile d'olive extra-vierge
sel et poivre

1 Mettez la chapelure dans une petite terrine et recouvrez-la d'eau, laissez tremper pendant 5 minutes, puis égouttez la chapelure en pressant et mettez-la dans le bol mélangeur d'un robot. Ajoutez les amandes en poudre, l'ail et 1 cuiller à soupe de jus de citron. Réduisez en pâte homogène, puis incorporez l'huile peu à peu jusqu'à ce que la sauce prenne l'apparence d'une mayonnaise. Ajoutez le reste de jus de citron, salez et poivrez.

2 Dégagez les feuilles extérieures des épis de maïs et retirez le foin, puis remettez les feuilles en place sur les grains. Posez les épis sur des braises chaudes et laissez-les griller pendant 30-40 minutes, jusqu'à ce que les grains soient juteux et se détachent facilement de l'épi.

3 Retirez les feuilles pour servir les épis, tartinés de sauce grecque.

Pour 4 personnes

Préparation : 15 minutes
Cuisson : 30-40 minutes

Courges farcies

*C'est la courge américaine « acorn » ou le bonnet turc qui conviennent le mieux
pour cette recette originale à base de couscous et de dattes grillées.*

Une mesure de safran en filaments
55 cl d'eau
280 g de couscous minute
2 grosses aubergines
2 cuillers à café de sel
6 cuillers à soupe d'huile d'olive
½ cuiller à café de cannelle en poudre
200 g de noix de pécan grillées et hachées
2 petites courges « acorn » (rondes)
coupées en deux et débarrassées
des graines
2 cuillers à soupe de beurre
12 grosses dattes enfilées sur 4 brochettes
(préalablement trempées pendant
30 minutes dans de l'eau froide
si elles sont en bois)
sel et poivre

1 Faites infuser le safran pendant 10 minutes dans l'eau bouillante versée dans une grande terrine. Ajoutez le couscous, mélangez et laissez reposer pendant 6-8 minutes pour qu'il gonfle en absorbant toute l'eau. Aérez les grains avec une fourchette et laissez reposer.

2 Fendez les aubergines dans la longueur en tranches d'environ 1 cm d'épaisseur. Mettez-les dans une passoire sur plusieurs couches en saupoudrant celles-ci de sel. Laissez dégorger pendant 30 minutes, puis rincez-les sous le robinet d'eau froide, égouttez-les et épongez-les sur du papier absorbant.

3 Badigeonnez-les sur les deux faces avec 3 cuillers à soupe d'huile. Faites-les griller sous le gril du four (ou sur un barbecue) pendant 5-6 minutes de chaque côté jusqu'à ce qu'elles soient tendres. Laissez-les refroidir légèrement, puis recoupez-les en languettes plus minces et ajoutez-les au couscous. Ajoutez également en remuant la cannelle, les noix de pécan, salez et poivrez.

4 Badigeonnez les demi-courges avec le reste d'huile d'olive et remplissez-les avec le couscous. Parsemez le dessus de parcelles de beurre. Enveloppez chaque demi-courge farcie dans une double épaisseur de papier d'aluminium et posez-les sur les braises d'un barbecue pendant 30 minutes, jusqu'à ce que la chair soit tendre.

5 Faites griller les brochettes de dattes pendant 3-4 minutes en les retournant souvent.

6 Déballez les demi-courges grillées et servez-les avec les brochettes de dattes.

Pour 4 personnes

Préparation : 1 heure
Repos : 30 minutes
Cuisson : 30 minutes environ

25

Trévises grillées aux poires et au roquefort

*La légère amertume de la trévise se marie à merveille avec le fondant sucré de la poire
et la saveur relevée du fromage : servez ce plat original aussi bien en entrée qu'en dessert.
La couleur décorative de la trévise disparaît quelque peu à la cuisson,
mais son goût délicieux reste intact.*

4 poires mûres à chair ferme
le zeste finement râpé
et le jus de 2 oranges
4 cuillers à soupe de miel liquide
4 petites trévises rouges
1 cuiller à soupe d'huile de noix
250 g de miettes de roquefort
poivre noir au moulin

1 Coupez les poires en quartiers, retirez le cœur et les pépins. Rangez les poires sur une seule couche sur une grande feuille de papier d'aluminium en double épaisseur, en prévoyant des bords assez larges pour former une papillote.

2 Mélangez le zeste et le jus des oranges avec le miel dans un verre et versez ce mélange sur les poires.

3 Relevez les bords pour enfermer les poires en papillote et faites-les griller dans le four ou sur des braises pendant 15-20 minutes.

4 Environ 6 minutes avant que les poires ne soient prêtes, faites griller les trévises : fendez-les en quartiers, badigeonnez-les d'huile de noix et faites-les griller pendant 2-3 minutes de chaque côté.

5 Pour servir, répartissez les poires avec leur jus de cuisson sur des assiettes de service, ajoutez les quartiers de trévise, puis parsemez le tout de miettes de roquefort. Donnez un tour de moulin à poivre et servez.

Pour 4 personnes

Préparation : 5 minutes
Cuisson : 15-20 minutes

Poivrons farcis à la ricotta sauce tomate

*Ces mini-poivrons grillés garnis d'une farce crémeuse au fromage et à la menthe sont aussi bons
en garniture de poulet grillé qu'en hors-d'œuvre.*

8 mini-poivrons
yaourt à la grecque pour servir

Pour la farce
65 g de fromage de chèvre frais
85 g de ricotta
I ½ cuiller à soupe de menthe
fraîche ciselée
I petit piment rouge ou vert épépiné et
finement haché (facultatif)
sel et poivre

Pour la sauce
I cuiller à soupe d'huile d'olive
I oignon finement haché
I gousse d'ail émincée
300 g de tomates pelées en boîte
au naturel

I cuiller à soupe de persil plat ciselé

I Préparez la sauce tomate : faites chauffer l'huile dans une casserole, ajoutez l'oignon et l'ail, faites revenir pendant 5 minutes sans coloration. Ajoutez les tomates et les fines herbes. Laissez mijoter doucement pendant 10 minutes. Passez la sauce au tamis et réservez.

2 Préparez la farce : mélangez les deux fromages frais avec la menthe dans une jatte. Incorporez le piment, si vous en prenez, salez et poivrez.

3 Faites une incision dans chaque poivron et retirez soigneusement les graines et les cloisons avec une petite cuiller sans abîmer la chair. Farcissez-les en les garnissant seulement à la moitié, sinon ils risquent d'éclater à la cuisson.

4 Faites cuire les poivrons farcis sur une grille huilée, sur des braises pas trop chaudes, pendant 10-15 minutes en les retournant plusieurs fois. Pendant ce temps, faites réchauffer la sauce tomate en posant la casserole sur le coin du barbecue.

5 Servez deux poivrons par personne, accompagnés de la sauce tomate et d'une bonne cuiller de yaourt à la grecque bien frais.

Pour 4 personnes

Préparation : 20 minutes
Cuisson : 10-15 minutes

Asperges grillées à l'italienne

Les asperges vertes conviennent parfaitement à la cuisson au barbecue, rapide et facile.
Servez-les en hors-d'œuvre avec du pain frais pour « saucer » en attendant le plat de résistance.

2 cuillers à soupe de vinaigre balsamique
1-2 gousses d'ail émincées
380 g de tomates pelées, épépinées
et concassées
7 cuillers à soupe d'huile d'olive
500 g d'asperges vertes parées
80 g de pignons de pin grillés
3 cuillers à soupe de parmesan en copeaux
fleur de sel et poivre au moulin

1 Réunissez dans un bol le vinaigre, l'ail, les tomates concassées et 5 cuillers à soupe d'huile d'olive. Mélangez intimement et réservez.

2 Coupez le pied fibreux des tiges d'asperge, badigeonnez-les avec le reste d'huile d'olive et faites-les cuire sur une grille huilée, sur des braises pas trop chaudes, pendant 5-6 minutes.

3 Répartissez les asperges grillées sur des assiettes de service, nappez-les de sauce à la tomate et au vinaigre balsamique, garnissez de pignons de pin et de copeaux de parmesan. Salez et poivrez, servez aussitôt.

Pour 4 personnes

Préparation : 15 minutes
Cuisson : 5-6 minutes

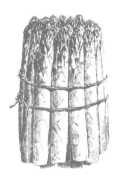

Cappellini sous le gril sauce piquante

300 g de cappellini
(plus fins que des spaghetti)
200 g de parmesan ou de pecorino râpé
sel et poivre
1 cuiller à soupe de persil plat ciselé

Pour la sauce
1 oignon finement haché
1 poivron vert épépiné et taillé
en petits dés
1 cuiller à café de sauce au piment
500 g de tomates pelées et concassées

1 Préparez la sauce : mettez l'oignon, le poivron, la sauce au piment et les tomates dans une jatte, mélangez bien, puis laissez mariner pendant 10 minutes.

2 Remplissez d'eau un faitout (d'environ 2 litre), portez à ébullition, ajoutez un bon filet d'huile et une cuiller à soupe de gros sel. Faites cuire les pâtes pendant 5-7 minutes jusqu'à ce qu'elles soient *al dente*.

3 Égouttez les pâtes et versez-les dans un saladier, ajoutez la sauce aux tomates et mélangez bien, salez et poivrez à votre goût.

4 Versez cette préparation dans un plat creux allant au four, légèrement huilé. Saupoudrez de fromage râpé et placez le plat sous le gril pendant 15 minutes jusqu'à ce que le dessus soit gratiné.

5 Servez aussitôt en ajoutant le persil ciselé.

Pour 4 personnes

Préparation : 10 minutes
Marinade : 10 minutes – Cuisson : 22 minutes

Sauce pimentée

Si vous désirez une saveur plus forte, remplacez la sauce de la recette ci-dessus par celle-ci.

500 g de tomates pelées, épépinées
et concassées
1 petit piment vert épépiné
et finement haché
1 petit oignon pelé et finement haché
une pincée de sucre
quelques brins de coriandre ciselés
sel et poivre noir au moulin

Mettez les tomates dans une jatte, ajoutez le piment, l'oignon et le sucre. Mélangez intimement. Salez et poivrez à votre goût, puis incorporez la coriandre.

Pour environ 35 cl

Préparation : 6-8 minutes

Patates douces grillées à l'aïoli

L'aïoli, qui n'est autre qu'une mayonnaise à l'ail, accompagne très bien la saveur sucrée des patates douces. Vous pouvez l'agrémenter de fines herbes ciselées.

500 g de patates douces bien grattées
4 cuillers à soupe d'huile d'olive
sel et poivre

Pour l'aïoli
4-6 gousses d'ail émincées
2 jaunes d'œufs
le jus d'½ citron, ou plus selon le goût
8-9 cl d'huile d'olive

1 Préparez l'aïoli : mettez les gousses d'ail et les jaunes d'œufs dans le bol mélangeur d'un mixer, ajoutez le jus de citron et actionnez l'appareil rapidement. Incorporez l'huile en filet pendant que l'appareil fonctionne pour obtenir une émulsion bien ferme. Salez et poivrez, rajoutez éventuellement un peu de jus de citron. Versez l'aïoli dans un bol et réservez.
2 Découpez les patates douces en tranches de 6-7 mm d'épaisseur, badigeonnez-les d'huile d'olive et rangez-les sur une grille huilée ; placez-la sur des braises pas trop chaudes et comptez environ 5 minutes de cuisson de chaque côté jusqu'à ce qu'elles soient tendres. Servez-les chaudes avec l'aïoli.

Pour 4 personnes

Préparation : 15 minutes
Cuisson : 10 minutes

Légumes marinés et grillés

2 oignons rouges
2 poivrons jaunes
2 poivrons verts
1 grosse aubergine
25 cl d'huile d'olive
2 gousses d'ail émincées
2 cuillers à soupe de persil plat ciselé
8 tomates coupées en deux
3 courgettes à peau lisse coupées en deux dans la longueur
12 gros champignons parés
sel et poivre noir au moulin

1 Retirez la première pelure des oignons et coupez-les en deux horizontalement. Coupez le pédoncule des poivrons. Coupez l'aubergine en deux dans la longueur, incisez la chair en croisillons et saupoudrez largement de sel. Laissez dégorger, à l'envers, sur une grille pendant 30 minutes.

2 Mélangez l'huile d'olive, l'ail et le persil dans un grand saladier, puis ajoutez tous les légumes, salez et poivrez. Laissez mariner pendant 1 heure.

3 Sortez les légumes de la marinade. Rangez-les sur une grille placée sur des braises pas trop chaudes. Faites-les griller en les retournant plusieurs fois pendant 5-10 minutes jusqu'à ce qu'ils soient tendres et légèrement noircis sur les bords. Arrosez-les souvent pendant la cuisson avec la marinade, puis mettez-les dans un grand plat de service.

Pour 6-8 personnes

Préparation : 15 minutes
Marinade : 1 heure 30
Cuisson : 5-10 minutes

Mélange de légumes grillés à la tapenade aux noix

*Ce condiment riche et parfumé accompagne toutes sortes de légumes de saison :
vous pouvez aussi utiliser des asperges et des bulbes de fenouil.*

1 grosse aubergine
2 poivrons rouges
2 poivrons jaunes
2 courgettes
8 petits poireaux baguettes
6 cuillers à soupe d'huile
4 grandes tranches de pain de campagne
sel et poivre

Pour la tapenade
125 g d'olives vertes dénoyautées
85 g de cerneaux de noix
65 g de cerneaux de noix au vinaigre égouttés
2 gousses d'ail émincées
un petit bouquet de persil plat
12 cl d'huile d'olive extra-vierge

1 Préparez la tapenade : mettez les olives, les noix fraîches et les cerneaux au vinaigre, le persil effeuillé et l'ail dans le bol mélangeur d'un mixer ou d'un robot. Hachez finement le tout, puis incorporez petit à petit l'huile d'olive en faisant marcher l'appareil pour émulsionner la préparation. Versez la tapenade dans un bol, salez et poivrez à votre goût, et mélangez intimement.

2 Coupez l'aubergine en rondelles de 6-7 mm d'épaisseur. Mettez-les en plusieurs couches dans une passoire en les saupoudrant de sel et laissez-les dégorger dans l'évier pendant 30 minutes, puis rincez-les, égouttez-les et épongez-les.

3 Coupez les poivrons en deux, retirez les graines, mais laissez le pédoncule. Coupez les courgettes en deux dans la longueur. Lavez soigneusement les poireaux à l'eau claire.

4 Badigeonnez l'aubergine, les poivrons, les courgettes et les poireaux avec l'huile d'olive. Posez-les sur une grille huilée, placée sur des braises pas trop chaudes. Comptez 3 minutes de cuisson pour les courgettes et les poireaux, 6-8 minutes pour l'aubergine et les poivrons, en les retournant souvent. Badigeonnez les tranches de pain avec le reste d'huile et faites-les griller également. Tartinez les tranches de pain avec la tapenade et garnissez-les ensuite de légumes grillés.

Pour 4 personnes

Préparation : 1 heure
Cuisson : 10 minutes

Brochettes de champignons au tofu

300 g de tofu, détaillé en cubes réguliers
16 grosses têtes de champignons de
couche bien propres
2 cuillers à soupe d'huile de sésame
6 cuillers à soupe de sauce soja claire
4 cuillers à soupe de vinaigre de vin rouge
2 cuillers à café de gingembre frais râpé
2 gousses d'ail émincées
2 cuillers à soupe de miel liquide
4 cuillers à soupe d'eau

Pour la sauce au piment
1 cuiller à soupe de sucre roux
2 cuillers à soupe de sauce soja claire
1 cuiller à soupe de jus de citron vert
1 piment rouge épépiné et finement haché

Pour la sauce au beurre de cacahuètes
1 cuiller à soupe d'huile d'arachide
1 gousse d'ail émincée
1 piment rouge épépiné et finement haché
4 cuillers à soupe de beurre de cacahuètes
1 cuiller à soupe de sauce soja foncée
1 cuiller à soupe de jus de citron vert
1 cuiller à soupe de crème de noix de coco

Pour garnir (facultatif)
languettes de concombre
brins de coriandre
riz parfumé

1 Enfilez les cubes de tofu et les champignons en les alternant sur 8 brochettes en bambou préalablement mises à tremper dans de l'eau. Mélangez tous les autres ingrédients avec le miel et l'eau dans une petite casserole et portez rapidement à ébullition, laissez bouillir jusqu'à ce que la sauce épaississe et faites réduire de moitié, puis laissez tiédir.

2 Préparez la sauce au piment en réunissant tous les ingrédients dans une autre petite casserole, faites chauffer en remuant de temps en temps jusqu'à ce que le sucre soit fondu.

3 Préparez la sauce au beurre de cacahuètes : faites chauffer l'huile dans une petite casserole et faites-y revenir doucement l'ail et le piment pendant 3 minutes. Ajoutez progressivement tous les autres ingrédients, portez doucement à ébullition en remuant sans arrêt, puis incorporez juste assez d'eau pour obtenir une sauce fluide et bien lisse. Couvrez d'un film plastique et tenez au chaud.

4 Posez les brochettes sur un gril bien chaud, badigeonnez-les avec la première sauce et faites-les cuire pendant 8-10 minutes sur des braises pas trop chaudes en les retournant et en les arrosant souvent, jusqu'à ce qu'elles soient bien dorées. Servez-les toutes chaudes avec les deux sauces, au piment et au beurre de cacahuètes. Accompagnez ce plat de riz parfumé, de languettes de concombre et de coriandre.

Pour 4 personnes, en hors-d'œuvre   Préparation : 40 minutes
Cuisson : 8-10 minutes

Brochettes de légumes

2 courgettes moyennes
sel fin
4 petits oignons grelots ou échalotes, pelés
8 petits champignons de couche
parés et nettoyés
4 tomates moyennes coupées en deux
(ou 8 tomates cerises)
I poivron rouge épépiné et coupé en
carrés de 5-6 cm de côté
8 petites feuilles de laurier

Pour la marinade
4 cuillers à soupe d'huile de tournesol
I cuiller à soupe de vinaigre de vin rouge
I cuiller à soupe de jus de citron
I gousse d'ail émincée
2 cuillers à soupe de menthe
fraîche ciselée
poivre noir au moulin
I cuiller à café de moutarde

Pour le riz
250 g de riz complet
65 cl de bouillon de volaille
sel
I cuiller à café de coriandre en poudre
2 cuillers à soupe de coriandre ciselée
feuilles de persil

I Faites blanchir les courgettes et les oignons dans une casserole d'eau salée pendant 2 minutes, puis égouttez-les.

2 Parez les courgettes et coupez-les en rondelles de 3-4 cm d'épaisseur.

3 Enfilez les légumes sur 4 brochettes huilées en les alternant et en ajoutant les feuilles de laurier, puis rangez-les dans un plat creux.

4 Mélangez tous les ingrédients de la marinade et versez-la sur les brochettes. Retournez-les pour bien les enrober, couvrez et laissez mariner à température ambiante pendant 2 heures environ.

5 Versez le riz dans une casserole avec le bouillon, le sel et la coriandre en poudre. Portez à ébullition, mélangez bien, couvrez et laissez cuire doucement pendant 45 minutes.

6 Égouttez les brochettes et placez-les sous le gril du four préchauffé, faites-les cuire pendant 8 minutes en les retournant souvent et en les badigeonnant avec le reste de la marinade. Vous pouvez aussi les faire cuire au barbecue en comptant 4-5 minutes de cuisson.

7. Incorporez la coriandre fraîche dans le riz et répartissez-le dans les assiettes de service, disposez les brochettes par-dessus et servez aussitôt, avec éventuellement une salade verte en garniture.

Pour 4 personnes

Préparation : 25 minutes
Marinade : 2 heures
Cuisson : 45 minutes

Mélange de légumes d'automne grillés sauce à l'ail

En faisant griller les légumes, on fait ressortir leur saveur et leur parfum. Pour obtenir une cuisson uniforme, il est nécessaire de couper tous les légumes en morceaux de même taille.

1 tête d'ail
2 gros oignons coupés en quartiers
8 petites carottes coupées en tronçons
8 petits navets coupés en deux
12 petites pommes de terre nouvelles
(coupées en deux si elles sont grosses)
2 bulbes de fenouil émincés
4 brins de romarin
4 brins de thym
6 cuillers à soupe d'huile d'olive
extra-vierge

Pour la sauce à l'ail
1 grande tranche de pain de campagne
rassis de la veille
4 cuillers à soupe de lait
4-5 cuillers à soupe d'huile d'olive
extra-vierge
sel et poivre

1 Faites blanchir la tête d'ail entière dans une casserole d'eau bouillante pendant 5 minutes, égouttez-la et épongez-la.

2 Réunissez tous les légumes et les herbes aromatiques sur une plaque à rôtir tapissée de papier d'aluminium en plaçant la tête d'ail au milieu, salez, poivrez et arrosez d'huile. Faites cuire sous le gril du four pendant 20-30 minutes en retournant souvent les légumes pour qu'ils cuisent régulièrement. Ils doivent être légèrement noircis sur les bords, mais pas brûlés.

3 Retirez la tête d'ail. Dégagez les gousses, sortez-les de la peau et écrasez-les en purée avec une fourchette.

4 Préparez la sauce : mettez le pain cassé en morceaux dans un bol, ajoutez le lait et laissez tremper pendant 5 minutes.

5 Mettez cette préparation dans le bol mélangeur d'un robot en ajoutant la pulpe d'ail et réduisez le tout en pâte fine. Incorporez lentement l'huile pour obtenir une sauce onctueuse, salez et poivrez.

6 Servez les légumes grillés avec la sauce à l'ail et du pain frais.

Pour 4-6 personnes

Préparation : 5 minutes
Cuisson : 20-30 minutes

Brochettes de tomates cerises à la mozzarella

2 petites fouaces plates
8 tomates cerises
8 tomates séchées au soleil
conservées à l'huile
250 g de mozzarella en petites boulettes

Pour la marinade
I gousse d'ail
le jus d'un citron
sel
2 cuillers à café de pesto vert
(voir ci-dessous)
6 cuillers à soupe d'huile d'olive

I Préparez la marinade : émincez l'ail et mélangez-le avec le jus de citron, le pesto et un peu de sel. Incorporez l'huile d'olive en fouettant.

2 Découpez les fouaces en bouchées et passez-les rapidement dans la marinade. Retirez-les. Mettez dans la marinade les tomates cerises, les tomates séchées et les boulettes de mozzarella, puis laissez-les mariner pendant 30 minutes.

3 Enfilez sur des brochettes les différents ingrédients en commençant et en finissant par une bouchée de pain. Faites-les griller sur des braises bien chaudes pendant 1-2 minutes de chaque côté en les arrosant avec la marinade, jusqu'à ce que le pain soit croustillant et le fromage à peine fondu.

Pour 4 personnes   Préparation : 15 minutes
Marinade : 30 minutes – Cuisson : 2-3 minutes

Pesto vert

I gousse d'ail émincée
60 g de pignons de pin
30 g de feuilles de basilic
12 cl d'huile d'olive extra-vierge
2 cuillers à soupe de parmesan
fraîchement râpé
sel et poivre

Mettez l'ail, les pignons et le basilic dans le bol mélangeur d'un mixer ou d'un robot, hachez finement (vous pouvez aussi réduire les ingrédients en pâte dans un mortier avec un pilon). Incorporez l'huile petit à petit en fouettant, puis ajoutez le parmesan et rectifiez l'assaisonnement.

Pour 16 cl environ   Préparation : 10 minutes

VARIANTE : Pesto rouge
Ajoutez 100 g de tomates séchées au soleil conservées à l'huile lorsque vous mélangez l'ail, les pignons de pin et le basilic. Vous pouvez remplacer la moitié de l'huile d'olive par l'huile de conservation des tomates séchées, dont le parfum est plus fort.

Brochettes de polenta aux légumes

1 poivron rouge
4 cuillers à soupe d'huile d'olive
250 g de champignons de couche coupés
en deux ou en quatre
2 oignons rouges coupés en quartiers
125 g de mini-courgettes coupées
en deux dans la longueur
125 g de mini-carottes
125 g de haricots verts
125 g de bouquets de brocolis
270 g de polenta
100 g de parmesan râpé
2 gousses d'ail émincées
8 tomates olivettes coupées en deux
dans la longueur
125 g d'olives noires

1 Faites griller les poivrons dans le four sous le gril pendant 10 minutes jusqu'à ce que la peau soit ridée et noircie. Mettez-les dans un sac en plastique, fermez-le hermétiquement et laissez-les refroidir. Pelez-les, coupez-les en deux, et retirez les cloisons et les graines. Taillez la chair en languettes de 2-3 cm de large.

2 Faites chauffer la moitié de l'huile dans un poêlon, ajoutez les champignons et les oignons, couvrez et laissez-les cuire pendant 2-3 minutes. Retirez du feu et égouttez sur du papier absorbant.

3 Faites blanchir les autres légumes dans des casseroles d'eau bouillante séparées, égouttez-les, rafraîchissez-les et épongez-les bien.

4 Versez dans un faitout 1,6 litre d'eau, ajoutez une pincée de sel et faites bouillir, versez la polenta en pluie en remuant sans arrêt. Baissez le feu et faites cuire pendant 20 minutes en continuant de remuer jusqu'à ce que la bouillie se détache des parois. Retirez du feu et incorporez 80 g de parmesan. Versez la polenta sur une planche assez grande, en formant une couche épaisse, et laissez refroidir complètement. Découpez-la ensuite en cubes de 2-3 cm de côté.

5 Enfilez les cubes de polenta sur des brochettes en alternant avec les oignons, les champignons, les carrés de poivron, les courgettes, les carottes, les brocolis et les haricots verts. Badigeonnez d'huile d'olive et faites griller pendant 5-6 minutes de chaque côté sur des braises pas trop chaudes, jusqu'à ce que les légumes soient bien tendres et les cubes de polenta bien dorés.

6 Pendant ce temps, mélangez le reste de l'huile d'olive avec l'ail et badigeonnez-en les tomates, faites-les griller face coupée dessous pendant 5-6 minutes. Servez-les avec les brochettes en les saupoudrant du reste de parmesan et en garnissant d'olives.

Pour 6-8 personnes

Préparation : 1 heure 10
Repos : 1 heure
Cuisson : 5-6 minutes

Tarte à l'oignon et aux poivrons

Pour la pâte
125 g de farine à pain
125 g de farine ordinaire
I cuiller à café de levure sèche
de boulanger
I cuiller à café de sel
I cuiller à soupe d'huile d'olive

Pour la garniture
180 g de tomates pelées en boîte
au naturel
I cuiller à soupe de concentré de tomate
2 cuillers à café d'origan séché
2 oignons pelés et coupés en quartiers
2 poivrons rouges épépinés et taillés
en languettes
2 poivrons jaunes épépinés et taillés
en languettes
2 cuillers à soupe d'huile d'olive
sel et poivre

1 Mélangez les deux farines, la levure et le sel dans une terrine. Ajoutez ensuite 16 cl d'eau tiède et l'huile, mélangez rapidement jusqu'à obtenir une consistance de pâte lisse. Pétrissez-la ensuite sur le plan de travail fariné pendant 5 minutes. Mettez-la dans une terrine propre huilée, couvrez et laissez lever pendant 30 minutes.

2 Mélangez les tomates au naturel et le concentré dans une casserole, salez, poivrez et ajoutez la moitié de l'origan. Faites bouillir en remuant, puis baissez le feu et laissez mijoter doucement pendant 5 minutes pour faire épaissir. Laissez refroidir.

3 Étalez les oignons et les poivrons sur la tôle du four tapissée de papier d'aluminium huilé, badigeonnez-les d'huile, salez et poivrez. Faites-les griller dans le four sous le gril préchauffé pendant 10 minutes en les retournant souvent. Vous pouvez aussi les faire griller sur des braises.

4 Abaissez la pâte sur le plan de travail fariné en formant un carré de 25 cm de côté, puis posez-la sur une tôle huilée. Relevez les côtés pour former une bordure. Étalez sur le dessus la sauce tomate, puis ajoutez les oignons et les poivrons grillés. Saupoudrez avec le reste d'origan.

5 Faites cuire la tarte dans le four préchauffé à 220 °C pendant 20-25 minutes jusqu'à ce que la croûte soit bien dorée. Servez chaud.

Pour 4-6 personnes

Préparation : 45 minutes
Repos : 30 minutes
Cuisson : 20-25 minutes

Soupe aux légumes grillés

1 gros oignon coupé en deux mais non pelé
4 gousses d'ail
4 tomates mûres mais encore fermes
2 aubergines coupées en deux
dans la longueur
2 poivrons rouges coupés en deux
6 cuillers à soupe d'huile d'olive
5 brins de thym
1 feuille de laurier
4-5 demi-tomates hachées séchées au soleil
1,7 litre de bouillon de volaille 6 grandes
feuilles de basilic
jus de citron
sel et poivre

1 Faites griller l'oignon, l'ail, les tomates, les aubergines et les poivrons sous le gril du four préchauffé (badigeonnés avec 3 cuillers à soupe d'huile) jusqu'à ce qu'ils soient ramollis. Laissez refroidir. Pelez l'oignon, l'ail et les tomates. Retirez les parties éventuellement noircies des aubergines et des poivrons, évidez ces derniers, puis hachez grossièrement.
2 Faites chauffer le reste d'huile dans une casserole avec le thym et le laurier pendant quelques minutes. Ajoutez les légumes, les tomates séchées et le bouillon. Portez à ébullition, couvrez, baissez le feu et laissez mijoter pendant 20 minutes. Ajoutez le basilic et poursuivez la cuisson pendant 5 minutes. Laissez refroidir légèrement, puis passez le contenu de la casserole au mixer plongeant. Faites réchauffer doucement en ajoutant du jus de citron. Ne servez pas brûlant.

Pour 4-6 personnes

Préparation : 20 minutes
Cuisson : 20 minutes

Tarte à la tomate et au fromage

250 g de pâte feuilletée, décongelée si elle
était surgelée
1 jaune d'œuf ou du lait pour la dorure
1 cuiller à soupe de concentré de tomate
380 g d'aubergines coupées en rondelles
2 cuillers à soupe d'huile d'olive
5 tomates mûres coupées en tranches
125 g de tomme au lait de vache écroûtée
2 cuillers à café d'origan frais haché
125 g d'olives vertes dénoyautées et
coupées en deux
sel et poivre

1 Abaissez la pâte feuilletée sur le plan de travail fariné en formant un carré de 25 cm de côté. Posez-la sur une tôle huilée. Avec un couteau pointu, faites 2 incisions en forme de L dans la pâte, à 2,5 cm des bords ; laissez intacts les angles opposés. Humectez d'eau les bords de la pâte. Soulevez un coin entaillé et rabattez-le en direction du coin opposé. Faites de même avec l'autre côté entaillé. Badigeonnez toute la bordure avec de l'œuf battu ou du lait. Piquez le fond avec une fourchette.
2 Tartinez le fond avec le concentré de tomate. Rangez les rondelles d'aubergine sur une grille, badigeonnez-les d'huile sur les deux faces et faites-les griller dans le four jusqu'à ce qu'elles soient bien dorées.
3 Disposez les rondelles d'aubergine, les tranches de tomate et le fromage émincé sur le feuilletage. Parsemez d'origan et d'olives concassées. Salez et poivrez. Faites cuire dans le four préchauffé à 200 °C pendant 25 minutes jusqu'à ce que la pâte soit bien dorée. Servez chaud.

Pour 4 personnes

Préparation : 20 minutes
Cuisson : 25 minutes

Aumônière aux légumes du soleil

Pour la pâte
500 g de farine à gâteaux
1 cuiller à café de sel
190 g de margarine
18 cl de yaourt nature
25 cl de lait

Pour la garniture
2 aubergines
2 cuillers à soupe d'huile extra-vierge
2 poivrons rouges épépinés et coupés en quartiers
4 tomates mûres mais fermes coupées en tranches
12 grandes feuilles de basilic
200 g de mozzarella en tranches fines
œuf battu ou lait pour dorer

1 Tamisez la farine avec le sel dans une grande terrine, incorporez la margarine, puis le yaourt et le lait, petit à petit, pour former une pâte molle. Pétrissez-la légèrement jusqu'à obtenir une consistance lisse, puis roulez-la en boule et enveloppez-la d'un film plastique pour la laisser reposer pendant 1 heure.

2 Coupez les aubergines en tranches minces dans la longueur, badigeonnez-les légèrement d'huile d'olive et faites-les griller sous le gril du four pendant 5-6 minutes de chaque côté jusqu'à ce qu'elles soient dorées. Faites également griller les poivrons pendant 6-8 minutes, puis mettez-les dans un sac en plastique, fermez-le et laissez-les tiédir, puis pelez-les.

3 Abaissez la pâte sur le plan de travail légèrement fariné en formant un carré de 35 cm de côté. Disposez sur cette abaisse, au centre, en formant un carré de 20 cm, les aubergines, les poivrons, les tomates, le basilic et les tranches de fromage.

4 Humectez les coins de la pâte avec un peu d'eau et remontez-les vers le centre en les collant à l'endroit où ils se rejoignent avec un peu d'eau.

5 Posez l'aumônière ainsi formée sur une tôle à pâtisserie huilée, dorez-la à l'œuf ou au lait et faites-la cuire dans le four préchauffé à 200 °C pendant 30 minutes. Baissez le feu et poursuivez la cuisson pendant encore 15 minutes à 190 °C jusqu'à ce que la pâte soit bien gonflée et dorée. Laissez reposer l'aumônière pendant 5 minutes avant de la servir bien chaude avec une sauce aux champignons ou à la tomate et une salade verte.

Pour 4 personnes

Préparation : 40 minutes
Repos : 1 heure
Cuisson : 1 heure

Tartines grillées à la mozzarella et à la tomate

4 tranches épaisses de pain de campagne
4 tomates pelées et coupées en tranches
sel et poivre noir au moulin
1 poivron vert ou jaune épépiné et coupé
en rondelles
100 g de mozzarella en tranches fines
1 cuiller à café de fines herbes mélangées
4-8 petites olives noires
brins de persil pour garnir

1 Faites griller les tartines de pain d'un côté sous le gril bien chaud jusqu'à ce qu'elles soient bien dorées.

2 Retournez-les et garnissez-les avec les tomates, salez et poivrez. Disposez par-dessus les tranches de mozzarella et les rondelles de poivron. Parsemez d'herbes, rangez les tartines sous le gril à chaleur modérée, et faites-les griller pendant 10 minutes jusqu'à ce que le fromage se mette à grésiller.

3 Servez-les bien chaudes en garnissant le dessus avec les olives et les brins de persil.

Pour 4 personnes

Préparation : 10 minutes
Cuisson : 15 minutes

Champignons sur toasts

Ces champignons sur toasts sont parfaits pour un petit en-cas ou un dîner léger.

430 g de petits champignons de couche
nettoyés, parés et émincés
1 cuiller à soupe de jus de citron
1 cuiller à soupe de beurre
½ cuiller à soupe de basilic frais ciselé
2 cuillers à soupe de persil plat ciselé
2 cuillers à soupe de crème fraîche
2 cuillers à soupe d'huile d'olive
4 grandes tranches de pain de mie
65 g de fromage cuit à saveur douce
sel et poivre au moulin

1 Arrosez les champignons de jus de citron et laissez reposer pendant 5 minutes.

2 Faites fondre le beurre dans une casserole, ajoutez les champignons et faites-les cuire sur feu moyen pendant 2 minutes. Ajoutez le basilic, le persil et la crème fraîche, salez et poivrez. Baissez le feu et laissez mijoter doucement pendant 7 minutes jusqu'à ce que les champignons soient cuits.

3 Pendant ce temps, faites chauffer l'huile dans une poêle, posez les tranches de pain de mie dedans et faites-les dorer sur les deux faces, puis égouttez-les sur du papier absorbant. Répartissez les champignons sur les toasts et ajoutez les lamelles de fromage sur le dessus. Passez-les sous le gril du four juste pour faire fondre le fromage et servez aussitôt.

Pour 4 personnes

Préparation : 10 minutes
Cuisson : 15 minutes

Croûtons au gruyère et à l'échalote

2 gousses d'ail émincées (facultatif)
2 cuillers à soupe d'huile d'olive
extra-vierge
I baguette coupée en tranches obliques
4 tomates olivettes bien mûres coupées
chacune en 3
2 échalotes finement hachées
200 g de gruyère ou d'emmenthal
grossièrement râpé
sel et poivre noir au moulin
feuilles de basilic pour garnir

I Badigeonnez d'huile d'olive les croûtons de baguette (en lui ajoutant l'ail si vous l'utilisez). Faites-les griller des deux côtés sous le gril du four jusqu'à ce qu'ils soient légèrement dorés. Rajoutez un peu d'huile d'olive éventuellement pour bien les faire griller. Garnissez-les chacun avec une rondelle de tomate, ajoutez un peu d'échalote, salez et poivrez, ajoutez du fromage et poivrez à nouveau.

2 Rangez les croûtons sur une tôle à pâtisserie et passez-les dans le four à 190 °C, ou sous le gril pendant 6-8 minutes, jusqu'à ce que le fromage grésille. Parsemez de basilic ciselé et servez.

Pour 4 personnes

Préparation : 15 minutes
Cuisson : 6-8 minutes

VARIANTE : Croûtons au fromage de chèvre et aux champignons
Vous pouvez remplacer le fromage à pâte cuite par du fromage de chèvre ou de la mozzarella, les tomates par des poivrons, des aubergines, des oignons ou des champignons et les échalotes par des tomates séchées au soleil ou des poivrons marinés à l'huile.

Tomates grillées sur ciabatta

4 tomates mûres mais encore fermes
I cuiller à soupe d'huile d'olive
extra-vierge
4 portions de *ciabatta*
(pain plat et mou qui ressemble
à la fougasse provençale)
125 g de mozzarella coupée en lamelles
quelques feuilles de basilic
sel et poivre

I Coupez les tomates en deux et badigeonnez-les d'huile d'olive. Faites-les griller sur des braises chaudes ou passez-les sous le gril du four, jusqu'à ce qu'elles ramollissent et que la peau se noircisse.

2 Faites griller les pains plats des deux côtés, soit sur des braises, soit sous le gril du four.

3 Répartissez la mozzarella sur les pains et garnissez-les de tomates grillées. Salez et poivrez, servez aussitôt.

Pour 4 personnes

Préparation : 5 minutes
Cuisson : 5 minutes

Croûtons aux champignons

Voici une version originale et délicieuse des croûtons à l'ail. Dans la mesure du possible, essayez de trouver des cèpes frais (sinon les champignons de couche feront aussi bien l'affaire).

8 cuillers à soupe d'huile d'olive
extra-vierge
I baguette coupée en biais
en 16 tronçons environ
2 cuillers à soupe de persil plat ciselé
3 gousses d'ail émincées
60 g de beurre
200 g de petits cèpes ou de champignons
de couche
4 cuillers à soupe de vin blanc sec
3 cuillers à soupe de parmesan
fraîchement râpé (facultatif)
sel et poivre noir au moulin

I Badigeonnez une tôle à pâtisserie et les croûtons des deux côtés avec 6 cuillers à soupe d'huile. Rangez les croûtons sur la tôle et mettez-la sous le gril du four préchauffé. Faites-les griller des deux côtés en surveillant, car ils brûlent facilement. Sortez-les et laissez-les refroidir.

2 Mélangez le persil et l'ail. Faites fondre le beurre avec le reste d'huile dans une poêle, ajoutez les champignons et faites-les sauter pendant 3 minutes. Ajoutez le vin et poursuivez la cuisson en le laissant réduire de moitié. Baissez le feu, puis ajoutez le persil et l'ail, salez et poivrez. Continuez à faire cuire doucement pendant encore 2 minutes.

3 Retirez la poêle du feu, laissez refroidir, puis hachez les champignons en incorporant le parmesan (si vous l'utilisez). Laissez reposer jusqu'à l'emploi.

4 Ces croûtons sont aussi bon chauds que froids. Tartinez les croûtons du mélange aux champignons sur une face, puis passez-les dans le four préchauffé à 180 °C jusqu'à ce que le fromage soit fondu. Servez aussitôt.

Pour 4 personnes

Préparation : 15 minutes
Cuisson : 15 minutes

Bruschetta à l'ail et à l'huile d'olive

4 tranches épaisses de pain de campagne
2 gousses d'ail coupées en deux
huile d'olive extra-vierge

Faites griller légèrement les tranches de pain des deux côtés, sous le gril dans le four, soit sur des braises. Frottez-les aussitôt avec les gousses d'ail, puis arrosez-les à volonté d'huile d'olive. Servez aussitôt avec l'une des garnitures proposées pages 52-53.

Pour 4 personnes

Préparation : 2 minutes
Cuisson : 3-4 minutes

Sandwich campagnard

1 grande fougasse nature ou aux olives
4 artichauts à l'huile égouttés et émincés
1 oignon rouge finement émincé
en anneaux
125 g de roquette
250 g de fromage à pâte molle et saveur
douce (*bel paese,* tomme)
sel et poivre

Pour la mayonnaise au piment
1 piment rouge
2 jaunes d'œufs
1 cuiller à soupe de vinaigre de vin blanc
25 cl d'huile de tournesol
2 gousses d'ail émincées
2 cuillers à soupe de pignons de pin
4 cuillers à soupe de parmesan râpé
8 demi-tomates séchées au soleil
conservées à l'huile

1 Préparez la mayonnaise : faites d'abord griller le piment sous le gril du four pendant 5-7 minutes en le retournant une fois jusqu'à ce qu'il soit noirci. Mettez-le dans un sac en plastique, fermez hermétiquement et laissez refroidir. Pelez-le, ouvrez-le, retirez les graines, puis réservez. Vous pouvez aussi le faire griller sur des braises.

2 Fouettez les jaunes d'œufs avec le vinaigre dans un bol. Incorporez l'huile en filet continu sans cesser de fouetter jusqu'à obtenir une consistance de crème épaisse. Couvrez et réservez.

3 Mettez les gousses d'ail, les pignons de pin et le parmesan dans le bol mélangeur d'un mixer et réduisez-les en pâte lisse. Ajoutez les tomates séchées et le piment, mélangez intimement en broyant le tout, puis, sans arrêter l'appareil, incorporez 3 cuillers à soupe de l'huile de marinade des tomates séchées. Versez cette préparation dans une jatte, ajoutez la mayonnaise et mélangez intimement, couvrez et réservez.

4 Fendez la fougasse en deux horizontalement, faites griller ces deux moitiés, croûte dessous, sous le gril du four. Tartinez-les de mayonnaise au piment, garnissez avec les artichauts, puis ajoutez les anneaux d'oignon, la roquette et les lamelles de fromage. Salez et poivrez, servez aussitôt.

Pour 4 personnes   Préparation : 20 minutes
Marinade : 30-60 minutes – Cuisson : 6-8 minutes

Tomates grillées à la tapenade

4 tomates mûres mais fermes coupées en quartiers
huile d'olive extra-vierge
4 bruschetta à l'ail et à l'huile d'olive (voir page 49)
2 cuillers à soupe de tapenade
quelques feuilles de basilic ciselées
sel et poivre du moulin

1 Rangez les quartiers de tomate sur la plaque du four avec un peu d'huile d'olive et faites-les griller dans le four sous le gril pendant 10 minutes jusqu'à ce qu'elles soient bien dorées.
2 Préparez les bruschetta.
3 Tartinez les bruschetta de chaque côté avec un peu de tapenade, puis garnissez-les de quartiers de tomate et de feuilles de basilic. Salez et poivrez. Servez aussitôt.

Pour 4 personnes

Préparation : 8 minutes
Cuisson : 14 minutes

Tranches d'aubergines grillées au cumin

1 cuiller à soupe de graines de cumin
4 cuillers à soupe d'huile d'olive extra-vierge
1 cuiller à café de zeste de citron
2 petites aubergines
4 bruschetta à l'ail et à l'huile d'olive (voir page 49)
125 g de roquette
1 cuiller à soupe de vinaigrette (voir page 21)

1 Faites griller à sec les graines de cumin dans une petite poêle jusqu'à ce qu'elles commencent à éclater en dégageant leur parfum. Versez doucement l'huile d'olive et ajoutez le zeste de citron, retirez la poêle du feu et laissez infuser pendant plusieurs heures. Passez l'huile dans un bol et réservez.
2 Parez les aubergines et détaillez-les chacune en 4 tranches horizontales assez épaisses. Badigeonnez-les avec l'huile parfumée et rangez-les sous le gril du four. Faites-les griller pendant 6-8 minutes de chaque côté. Laissez-les refroidir à température ambiante.
3 Juste avant de servir, préparez les bruschetta. Garnissez-les avec les aubergines et arrosez avec un peu d'huile parfumée.
4 Assaisonnez la roquette avec la vinaigrette, répartissez-la sur des assiettes et ajoutez par-dessus les bruschetta garnies d'aubergines. Servez aussitôt.

Pour 4 personnes

Préparation : 8 minutes
Infusion : plusieurs heures
Cuisson : 18-20 minutes

Poivrons grillés aux noisettes et aux raisins secs

1 poivron rouge épépiné et coupé en quartiers
1 poivron jaune épépiné et coupé en quartiers
2 cuillers à soupe d'huile de noisettes
2 gousses d'ail émincées
1 cuiller à soupe de zeste de citron râpé
2 cuillers à soupe de raisins secs
2 cuillers à soupe de noisettes effilées
200 g de chicorée frisée ou de trévise
4 bruschetta à l'ail et à l'huile d'olive (voir page 49)
sel et poivre

1 Faites griller les poivrons pendant 6-8 minutes de chaque côté jusqu'à ce qu'ils soient bien tendres. Mettez-les dans un sac en plastique et laissez-les refroidir, puis pelez-les et taillez-les en languettes. Vous pouvez aussi les faire griller sur des braises en les retournant de temps en temps.

2 Faites chauffer l'huile dans une poêle, ajoutez l'ail, le zeste de citron, les raisins secs et les noisettes, faites revenir doucement pendant 5 minutes. Ajoutez la salade et poursuivez la cuisson pendant 5 minutes.

3 Préparez les bruschetta.

4 Répartissez le contenu de la poêle sur les bruschetta et garnissez le dessus avec les languettes de poivron. Servez aussitôt.

Pour 4 personnes

Préparation : 20 minutes
Cuisson : 18-20 minutes

Toasts à l'avocat et au fromage bleu

Utilisez pour ce hors-d'œuvre original quatre grandes tranches de pain complet.

4 tranches de pain complet
1 cuiller à soupe de beurre
1 gros avocat mûr
1 cuiller à soupe de jus de citron
poivre noir au moulin
100 g de fromage bleu

Pour garnir
quelques feuilles de laitue
bouquets de cresson

1 Faites griller les tranches de pain dans le four sur une seule face. Sortez-les et beurrez légèrement le côté non grillé.

2 Pelez l'avocat, coupez-le en deux et retirez le noyau. Coupez-le en quartiers, puis émincez chaque quartier en 4 tranches.

3 Disposez les tranches d'avocat sur les tartines de pain, côté beurré, arrosez de jus de citron et poivrez.

4 Coupez le fromage en 4 tranches fines et posez-les sur l'avocat.

5 Baissez la chaleur du gril au minimum et passez les tartines sous le gril juste pour faire fondre le fromage.

6 Garnissez les assiettes de laitue et de bouquets de cresson, posez les tartines dessus et servez.

Pour 4 personnes

Préparation : 10 minutes
Cuisson : 5 minutes

Mini-aubergines grillées au yaourt à la grecque

Ces mini-légumes se trouvent chez certains maraîchers spécialisés ou dans les magasins diététiques. Préparez le yaourt bien à l'avance pour que les arômes aient le temps de se mélanger, puis servez en accompagnement du pain grec (pitta) légèrement grillé.

12 mini-aubergines
3 cuillers à soupe d'huile d'olive
sel et poivre

Pour le yaourt parfumé
2 cuillers à soupe de persil plat ciselé
2 cuillers à soupe d'aneth ciselé
2 cuillers à soupe de menthe ciselée
1 petit oignon doux finement haché
2 gousses d'ail émincées
125 g d'olives grecques dénoyautées et hachées
2 cuillers à café de graines de fenouil pilées
1 cuiller à soupe de cornichons finement hachés
le zeste et le jus d'un citron
18 cl de yaourt à la grecque filtré
sel et poivre

1 Préparez le yaourt parfumé en mélangeant tous les ingrédients intimement. Réservez au frais.

2 Coupez les mini-aubergines en deux dans la longueur, sans les séparer au niveau de la queue.

3 Badigeonnez-les avec l'huile d'olive. Faites-les griller au barbecue (grille huilée), sur des braises pas trop chaudes, pendant 2-3 minutes de chaque côté.

4 Répartissez les mini-aubergines sur des assiettes de service, nappez-les de yaourt parfumé et servez aussitôt.

Pour 4 personnes

Préparation : 20 minutes
Cuisson : 6 minutes

Petits champignons farcis

50 petits champignons parés
65 g de brie
ou de double-crème coupé en morceaux
65 g de beurre ramolli
185 g de cerneaux de noix concassés
2 gousses d'ail émincées
2 cuillers à soupe de persil plat ciselé
un peu de lait

1 Coupez le pied des champignons. Hachez-les et mettez-les dans une jatte avec le fromage (non écroûté), le beurre, les noix, l'ail, le persil et un peu de lait. Mélangez bien jusqu'à consistance homogène, assez ferme.

2 Rangez les têtes de champignons sur la tôle du four tapissée de papier d'aluminium, côté ouvert dessus. Garnissez-les chacune avec une petite cuiller de la farce.

3 Faites-les griller sous le gril du four pendant 5 minutes environ jusqu'à ce que les champignons soient juste tendres et la farce grésillante.

Pour 8-10 personnes

Préparation : 10 minutes
Cuisson : 5 minutes

Oignons grillés au vinaigre balsamique

6 gros oignons rouges
3 cuillers à soupe d'huile d'olive
1 cuiller à soupe de thym frais haché
1 cuiller à soupe de romarin frais haché
2 gousses d'ail émincées
1 cuiller à café de graines
de coriandre écrasées
4 cuillers à soupe de vinaigre balsamique
4 cuillers à soupe de vin rouge
1 cuiller à soupe de miel
sel et poivre

1 Fendez les oignons en huit en partant du haut et en allant jusqu'à la racine, mais sans les séparer entièrement. Aplatissez-les et rangez-les sur la tôle du four.
2 Mélangez l'huile avec les herbes, l'ail, la coriandre, sel et poivre. Arrosez les oignons de ce mélange et faites-les griller sous le gril du four préchauffé à chaleur moyenne pendant 10-15 minutes, en les retournant de temps en temps.
3 Mélangez le vinaigre avec le vin et le miel, arrosez les oignons de ce mélange, puis repassez-les sous le gril pendant encore 5-10 minutes jusqu'à ce qu'ils soient bien tendres. Servez avec le jus de cuisson.

Pour 6 personnes

Préparation : 10 minutes
Cuisson : 15-25 minutes

Purée d'aubergines

2 kg d'aubergines
4 cuillers à soupe d'huile d'olive
3 cuillers à soupe de jus de citron
2 gousses d'ail émincées
1 cuiller à soupe d'oignon finement haché
2 cuillers à soupe de poivron rouge très
finement haché
sel et poivre
bruschetta à l'ail et à l'huile d'olive
(voir page 49) ou fougasse pour servir

Pour garnir
huile d'olive
persil plat ciselé

1 Faites griller les aubergines en les retournant souvent jusqu'à ce que la peau soit ridée et noircie, soit dans le four, soit sur des braises chaudes : la chair doit être molle sous le doigt. Laissez-les tiédir, puis retirez la queue et pelez-les, pressez-les pour exprimer le maximum de jus.
2 Hachez la chair grossièrement (elle ne doit pas être réduite en purée fine), mettez-la dans une terrine et ajoutez l'huile. Incorporez presque tout le jus de citron, ainsi que l'ail, l'oignon et le poivron, salez et poivrez. Goûtez et rajoutez éventuellement encore du jus de citron. Couvrez et mettez au réfrigérateur.
3 Sortez la purée d'aubergines assez tôt pour qu'elle soit à température ambiante au moment de servir. Étalez-la dans un plat creux et faites quelques creux à la surface de la purée avec le dos d'une cuiller. Versez-y un peu d'huile d'olive et parsemez de persil ciselé. Servez avec des bruschetta tièdes ou de la fougasse passée au four.

Pour 6 personnes

Préparation : 15 minutes
Cuisson : 5 minutes

56

Coquilles de pommes de terre à la crème aigre

16 cl de crème fraîche
1 cuiller à soupe de jus de citron
1 cuiller à soupe de ciboulette ciselée
4 pommes de terre à peau épaisse
cuites en robe des champs
huile d'olive
sel et poivre au moulin

Pour garnir
tomates concassées
et échalotes ciselées

1 Versez la crème dans un bol, ajoutez le jus de citron et la ciboulette, salez et poivrez. Mélangez bien et mettez le bol au réfrigérateur pour que la sauce soit bien froide au moment de servir.
2 Fendez chaque pomme de terre cuite en deux dans la longueur.
3 Retirez la majeure partie de la pulpe avec une petite cuiller en laissant juste une mince épaisseur. Badigeonnez-les intérieurement avec de l'huile d'olive et faites-les griller dans le four sous le gril pendant 5 minutes en les retournant, jusqu'à ce qu'elles soient croustillantes et dorées.
4 Salez-les et servez-les avec la sauce à la crème, en proposant à part les tomates concassées et les échalotes ciselées.

Pour 4 personnes

Préparation : 10 minutes
Repos : 2 heures
Cuisson : 5 minutes

Coquilles de pommes de terre à la purée de poivrons

2 poivrons rouges coupés en deux
et épépinés
1 gousse d'ail
1 cuiller à soupe de jus de citron
1 cuiller à soupe d'huile d'olive
3 cuillers à soupe de chapelure fraîche
4 pommes de terre à peau épaisse cuites
en robe des champs
sel et poivre au moulin

1 Mettez les poivrons et l'ail dans une casserole, couvrez juste d'eau et portez à ébullition. Couvrez et laissez mijoter doucement pendant 15 minutes. Égouttez à fond et laissez refroidir.
2 Réduisez-les en purée fine au mixer en ajoutant le jus de citron et l'huile.
3 Incorporez la chapelure et rectifiez l'assaisonnement.
4 Coupez les pommes de terre en deux dans la longueur, évidez-les avec une petite cuiller en ne gardant qu'une mince épaisseur de pulpe, badigeonnez-les d'huile d'olive et faites-les griller dans le four sous le gril préchauffé pendant 5 minutes en les retournant de temps en temps jusqu'à ce qu'elles soient dorées et croustillantes. Servez-les toutes chaudes avec la sauce aux poivrons.

Pour 4 personnes

Préparation : 10 minutes
Cuisson : 20 minutes

Sauce poivronade au piment

I poivron rouge épépiné et haché
2 gousses d'ail émincées
I piment rouge épépiné et haché
6 cuillers à soupe d'huile d'olive
125 g de chapelure fraîche
sel et poivre

I Mettez le poivron, l'ail, le piment et l'huile dans le bol mélangeur d'un robot ou d'un mixer, réduisez en purée fine.
2 Incorporez la chapelure, salez et poivrez, actionnez encore l'appareil pour obtenir une sauce homogène.
3 Versez la sauce poivronade dans un bol et mettez-la au réfrigérateur jusqu'au moment de l'utiliser.

Pour 12 cl   Préparation : 10 minutes

Mayonnaise

2 jaunes d'œufs
I cuiller à soupe de vinaigre de vin blanc
ou à l'estragon
I cuiller à café de moutarde
30 cl d'huile de tournesol
sel et poivre

I Mettez les jaunes d'œufs dans un bol avec le vinaigre et la moutarde, ajoutez une demi-cuiller à café de sel et du poivre noir. Mélangez intimement en remuant vivement.
2 Incorporez petit à petit l'huile, d'abord goutte à goutte puis en un mince filet, sans cesser de fouetter jusqu'à ce que toute l'huile soit incorporée et que l'émulsion soit bien prise.
3 Vous pouvez aussi réaliser la mayonnaise à l'aide d'un robot ou d'un mixer : mélangez les jaunes, le vinaigre, la moutarde, le sel et le poivre. Actionnez l'appareil à vitesse moyenne, puis incorporez doucement l'huile, d'abord goutte à goutte puis en un mince filet, jusqu'à ce que la mayonnaise soit parfaitement émulsionnée.

Pour 35 cl environ   Préparation : 10-15 minutes

VARIANTES : Mayonnaise à l'ail
Remplacez l'huile de tournesol par de l'huile d'olive et ajoutez, en outre, 1-2 gousses d'ail émincées en même temps que les jaunes d'œufs.

Mayonnaise aux fines herbes
Incorporez 1 cuiller à soupe de fines herbes mélangées, telles que de la ciboulette, du persil plat, de l'estragon et du thym.

Sauce aux poivrons

2 poivrons rouges
I gousse d'ail émincée
I cuiller à café de paprika doux
½ cuiller à café de moutarde
4 cuillers à café de vinaigre de vin rouge
12 cl d'huile d'olive
sel et poivre

I Faites griller les poivrons dans le four sous le gril pendant 20 minutes en les retournant plusieurs fois jusqu'à ce que la peau soit ridée et noircie. Mettez-les dans une terrine, couvrez et laissez refroidir. Pelez-les, coupez-les en deux, retirez les graines, puis hachez-les grossièrement.
2 Mettez les poivrons hachés dans le bol mélangeur d'un mixer ou d'un robot, ajoutez l'ail, le paprika, la moutarde et le vinaigre, salez et poivrez. Réduisez en purée fine, puis incorporez l'huile tout en continuant à faire marcher l'appareil, jusqu'à obtenir une consistance bien lisse et homogène. Rectifiez l'assaisonnement.

Pour 30 cl

Préparation : 5 minutes
Cuisson : 15-20 minutes

Sauce aux noix

3 cuillers à soupe de vinaigre balsamique
ou de vinaigre de xérès
I cuiller à café de sucre roux
I cuiller à café de moutarde forte
12 cl d'huile de noix
I cuiller à soupe de cerneaux
de noix concassés
I cuiller à soupe de persil plat ciselé (ou
d'une autre herbe : sauge, thym ou basilic)
sel et poivre

I Réunissez dans un bol le vinaigre avec le sucre et la moutarde. Salez et poivrez à votre goût. Mélangez intimement, puis incorporez l'huile de noix en fouettant.
2 Ajoutez ensuite les noix et le persil, puis rectifiez l'assaisonnement.

Pour 16 cl

Préparation : 10 minutes

Vinaigrette

I cuiller à soupe de vinaigre de vin blanc
ou rouge
I cuiller à café de moutarde
I pincée de sucre
6 cuillers à soupe d'huile d'olive
sel et poivre

Réunissez dans un bol le vinaigre, la moutarde, le sucre, du sel et du poivre. Fouettez vivement. Incorporez l'huile petit à petit en fouettant jusqu'à ce que la sauce soit homogène.

Pour 6 cl

Préparation : 5 minutes

60

Vinaigrette à l'ail

18 cl d'huile d'olive extra-vierge
6 cl de vinaigre de cidre
2 cuillers à soupe de fines herbes
mélangées
1 cuiller à café de miel liquide
1 gousse d'ail finement émincée
une pincée de moutarde en poudre
sel et poivre

Réunissez tous les ingrédients dans un bocal à fermeture hermétique et secouez-le vigoureusement pour obtenir un mélange parfaitement homogène.

Pour 25 cl   Préparation : 5 minutes

Vinaigrette aux fines herbes

1 cuiller à soupe de vinaigre de vin blanc
ou rouge
1 cuiller à café de moutarde
1 pincée de sucre
2 cuillers à soupe de fines herbes
mélangées (ciboulette, basilic, estragon,
cerfeuil, persil)
6 cuillers à soupe d'huile d'olive
sel et poivre

Réunissez dans un bol le vinaigre, la moutarde, le sucre, les fines herbes, du sel et du poivre. Mélangez bien, puis incorporez l'huile en fouettant vivement jusqu'à ce que la sauce soit homogène.

Pour 6 cl environ   Préparation : 5 minutes

Vinaigrette aux framboises

250 g de framboises fraîches
1 cuiller à café de sucre roux
2 cuillers à soupe de vinaigre de vin rouge
½ cuiller à café de moutarde
5 cuillers à soupe d'huile d'olive
sel et poivre

1 Mélangez dans un bol les framboises, le sucre, le vinaigre, la moutarde et l'ail (si vous en prenez). Écrasez le tout avec une fourchette jusqu'à ce que les fruits soient réduits en purée.
2 Faites passer cette pulpe dans un bol propre en la pressant dans une passoire fine avec le dos d'une cuiller. Incorporez l'huile en fouettant, salez et poivrez à votre goût.

Pour 25 cl   Préparation : 10 minutes

61

Marinade au vin rouge

I litre de vin rouge
2 cuillers à soupe de jus de citron
I oignon finement émincé
I carotte finement émincée
I branche de céleri finement hachée
un brin de persil
un brin de thym
I feuille de laurier
6 grains de poivre noir écrasés
I gousse d'ail émincée

I Mélangez tous les ingrédients dans une grande terrine et laissez reposer la marinade pendant 1 heure avant d'y plonger les aliments à faire mariner.
2 Utilisez la marinade en trop pour arroser les aliments pendant leur cuisson.

Pour I litre environ

Préparation : 5 minutes
Repos : 1 heure

Marinade à l'orange

le zeste finement râpé
et le jus d'une orange
I cuiller à soupe de sauce soja foncée
2 cm de racine de gingembre finement
pelée et émincée
sel et poivre

Mélangez tous les ingrédients dans un bol.

Pour 6 cl

Préparation : 5 minutes

Note : vous pouvez remplacer le zeste et le jus de l'orange par le zeste et le jus d'un citron vert ou jaune.

Huile parfumée

50 cl d'huile d'olive extra-vierge
2 brins de romarin
6 brins de thym
I grosse gousse d'ail
I piment vert
3 petits piments rouges
6 grains de poivre
6 baies de genièvre

I Versez l'huile dans une bouteille (à bouchon en liège de préférence).
2 Lavez les herbes et épongez-les soigneusement. Pelez la gousse d'ail et fendez-la en deux. Mettez les herbes et l'ail dans la bouteille, ajoutez les piments entiers, les grains de poivre et les baies de genièvre.
3 Bouchez hermétiquement la bouteille. Laissez mariner pendant au moins 2 semaines avant l'utilisation. Lorsque vous l'utiliserez, ne la filtrez pas et laissez les aromates dedans. Recouvrez le bouchon de cire rouge si vous en faites un cadeau.

Pour 50 cl

Préparation : 5 minutes
Marinade : 2 semaines

Index